Wie alles begann …

M 1   Jupiters Romverheißung

Gleich im ersten Buch seines Epos Aeneis *lässt der Autor Vergil den Göttervater Jupiter ein Loblied auf die künftigen Römer als Herren der Welt verkünden. Zu seiner Tochter Venus, die den Aeneas auf seiner Fahrt nach Italien unterstützt, sagt er:*

1 Inde lupae fulvo nutricis tegmine laetus
2 Romulus excipiet gentem et Mavortia condet
3 moenia Romanosque suo de nomine dicet.
4 His ego nec metas rerum nec tempora pono;
5 imperium sine fine dedi. Quin aspera Iuno,
6 quae mare nunc terrasque metu caelumque fatigat,
7 consilia in melius referet, mecumque fovebit
8 Romanos rerum dominos gentemque togatam:
9 Sic placitum. […]   Vergil, Aen. 1, 275–283

Übersetzung

1 Prangend umhüllt vom gelblichen Fell seiner Amme, der Wölfin,
2 führt dann Romulus weiter den Stamm: die Mauern der Marsstadt
3 baut er auf und nennt nach seinem Namen die Römer.
4 Diesen setze ich weder in Raum noch Zeit eine Grenze,
5 endlos Reich hab ich ihnen verliehn; selbst Juno, die harte,
6 die mit Furcht jetzt Meer und Land und Himmel ermattet,
7 wird zum Besseren lenken den Sinn, wird mit mir die Römer
8 hegen, die Herren der Welt, das Volk im Gewande der Toga.
9 So der Beschluss.

Vergil: Aeneis. Lateinisch-Deutsch. In Zusammenarbeit mit Maria Götte hg. und übersetzt von Johannes Götte. München und Zürich: Artemis 1983.

Jupiter. Bronzeskulptur von Michel Anguier (1612–1686). Los Angeles, Getty Museum

1 Kennzeichne die im lateinischen Text markierten Wörter auch in der deutschen Übersetzung. Was fällt dir daran auf? Erkläre diesen Befund.

_____

_____

_____

_____

2 Bestimme das Tempus der Verben in den ersten drei Versen des lateinischen Textes und vergleiche mit der Übersetzung. Begründe den Unterschied.

excipiet _____

condet _____

dicet _____

3 *Imperium sine fine dedi* und die Römer als *rerum domini:* Lag Jupiter mit dieser Prophezeiung falsch? Stelle zusammen, was dafür und was dagegen spricht. Blättere dafür auch dieses Heft durch.

_____

_____

_____

4 Im Text wird Romulus erwähnt. Informiere dich über seine Geschichte im Internet oder in einem Lexikon.

_____

_____

_____

_____

Relief (2./3. Jh.) aus Virunum, der Hauptstadt der römischen Provinz Noricum. Vermauert in der Außenwand der Propstei- und Wallfahrtskirche Maria Saal (Kärnten).

M 2 Der Europa-Mythos

1 [...] expulsi iamdudum monte iuvenci
2 litora iussa petunt, ubi *magni filia regis*
3 *ludere virginibus Tyriis comitata solebat.*
4 [...]
5 Ille pater rectorque deum [...]
6 induitur *faciem tauri mixtusque iuvencis*
7 mugit et *in teneris formosus* obambulat *herbis.*
8 [...]
9 Pacem vultus habet. Miratur Agenore nata,
10 quod tam formosus, quod proelia nulla minetur;
11 sed quamvis mitem metuit contingere primo,
12 mox adit et *flores ad candida porrigit ora.*
13 [...]
14 Nunc *latus in fulvis niveum* deponit *harenis.*
15 [...] Ausa est quoque regia virgo
16 *nescia,* quem premeret, *tergo considere tauri,*
17 *cum deus a terra siccoque a litore sensim*
18 *falsa pedum primis vestigia ponit in undis.*
19 Inde abit ulterius *mediique per aequora ponti*
20 *fert praedam: Pavet haec litusque ablata relictum*
21 *respicit et dextra cornum tenet, altera dorso*
22 *inposita est; tremulae sinuantur flamine vestes.*

Ovid, Met. 2,843–875 (mit Auslassungen)

Glossar (rechte Spalte):

expulsi: Jupiter hat sich in Europa, die Tochter des Königs von Phönizien, verliebt. Um sich ihr zu nähern, lässt Jupiter von Merkur die königliche Bullenherde zur Küste treiben.
comitari: *begleiten*
Tyrius, -a, -um: Adjektiv zu Tyrus (phönizische Stadt im heutigen Libanon)

iuvencus, -i: *Jungtier*

tener, -a, -um: *zart*
formosus, -a, -um: *schön*
herba, -ae: *Gras*
Agenor: König von Phönizien, Vater der Europa

flos, floris, m.: *Blüte, Blume*
candidus, -a, -um: *weiß, glänzend*
candida ora: poet. Plural!
fulvus, -a, -um: *gelb*
niveus, -a, -um: *schneeweiß*

siccus, -a, -um: *trocken*
sensim: *allmählich*

pontus, -i: *Meer*

pavēre: *schaudern*

altera: ergänze manus
dorsum, -i: *Rücken*

1 Übersetze das kursiv Gedruckte und setze die Übersetzung in den Lückentext ein. Orientiere dich an den Markierungen. Zunächst werden zusammengehörige Wörter markiert, ab Zeile 14 musst du selbst markieren.

Die jungen Stiere sind schon längst vom Berg vertrieben und suchen nun, wie befohlen, den Strand auf, wo _____

_____.

Jener Vater und Herr der Götter legt sich _____ an und muht

_____ und wandelt _____.

Frieden liegt in seinem Antlitz. Die Tochter Agenors bewundert ihn, weil er so schön ist, weil kein Angriff droht; aber wenn sie den sanften Stier auch zuerst zu berühren fürchtet, tritt sie bald heran und _____.

Jetzt lässt er _____ nieder.

Auch wagte das königliche Mädchen, _____, auf wen sie sich setzte, _____

_____

_____

_____

Von da geht er weiter hinaus und _____

_____ :

_____

_____

_____ ;

zitternd flattern die Kleider im Wind.

2   Versehe die Verse 9–12 mit den Zeichen für Längen und Kürzen.

3   Zeige, wie die Spitzenpositionen in den Versen 5–12 die Deutung unterstützen.

Entführung der Europa durch
Jupiter in Stiergestalt. Rotfigurige
nolanische Amphore.
Berlin, Staatliche Museen,
Antikensammlung

Inschriften als Zeitzeugen

M 3 Das Pantheon

An einem Ort findet man das lateinische Erbe Europas auf Schritt und Tritt: in Rom. An vielen Häusern kann man Lateinisches finden, in zahlreichen Inschriften unterschiedlicher Zeiten. Auch sie erzählen Geschichten. Eine dieser Geschichten wirst du im folgenden Kapitel kennenlernen. Dabei erfährst du zugleich ein wenig über die Entzifferung von Inschriften.

Wie viele antike Gebäude wurde auch das Pantheon „christianisiert". Aus dem Tempel „für alle Götter" wurde die Kirche Santa Maria ad martyres, also die Kirche „für alle Märtyrer". Nur so konnte seit dem Verbot aller heidnischen Bräuche (391/392 n. Chr.) der Bau wieder zugänglich gemacht werden. Die Entwicklung des Gebäudes sowie des Vorplatzes lässt sich an den dortigen Inschriften nachvollziehen:

Inschrift 1: Über dem Eingang

MAGRIPPALFCOSTERTIVMFECIT

tertium (Adv.): *zum dritten Mal*
fecit: ergänze *templum*

1 Löse die Abkürzungen mithilfe des folgenden Informationstextes auf.

Marcus Vipsanius Agrippa, Freund des Augustus und Ehemann von dessen Tochter Julia, stammte aus dem Ritterstand. Während sein Vater, Lucius Vipsanius, selbst noch ohne politische Bedeutung war, hatte Agrippa in den Jahren 37, 28 und 27 v. Chr. insgesamt dreimal das Konsulat inne. Von 27–25 v. Chr. ließ er das Pantheon als rechteckigen, nach Süden ausgerichteten Bau erstellen. Da dieser 80 n. Chr. bei einem Brand zerstört wurde, ließ Kaiser Hadrian 118–125 n. Chr. den bis heute bestehenden Kuppelbau errichten. Die Inschrift selbst wurde im 19. Jh. in Bronze wiederhergestellt.

_____

_____

_____

2 In der Inschrift fehlt das Wort *templum*. Derartige Ellipsen finden sich in vielen gleichartigen Inschriften. Versuche, diesen Sachverhalt zu erklären.

_____

_____

Inschrift 2: In der Vorhalle rechts über dem Eingang

1 PANTHEON
2 AEDIFICIUM TOTO TERRARUM ORBE
3 CELEBERRIMUM   celeber, -bris, -bre: *berühmt, bekannt*
4 AB AGRIPPA AUGUSTI GENERO   gener, generi: *Schwiegersohn*
5 IMPIE IOVI CETERISQ MENDACIBUS DIIS   mendax, -acis: *erlogen*
6 A BONIFACIO IIII PONTIFICE   Papst Bonifatius IV. (608–615)
7 DIPARAE ET SS CHRISTI MARTYRIBUS PIE   dipara = deipara: *Gottesmutter* (Maria)
8 DICATUM   dicatus, -a, -um: *gewidmet, geweiht*
9 URBANUS VIII PONT MAX   Papst Urban VIII. (1623–1644)
10 BINIS AD CAMPANI AERIS USUM   binis turribus ad campani aeris usum: *mit zwei*
11 TURRIBUS EXORNAVIT   *Glockentürmen* (diese wurden von Bernini
12 ET NOVA CONTIGNATIONE MUNIVIT   gebaut, aber 1883 wieder abgerissen)
                                  contignatio, -onis, f.: *Dachgebälk*
13 ANNO DOMINI MDCXXXII PONTIF IX

3 Übersetze die Inschrift 2. Löse dabei die markierten Abkürzungen auf.

4 Das Pantheon ist eines der antiken Gebäude Roms, die kaum als „Steinbruch" für andere Bauten verwendet wurden. Der gute Erhaltungszustand erklärt sich nicht zuletzt daraus. Versuche diese Tatsache mithilfe der Inschrift zu erklären.

_____

_____

_____

_____

_____

_____

Auch die Engelsburg in Rom ist ein Beispiel für die Weiterverwendung antiker Bauwerke. Ursprünglich wurde der Rundbau als Grabmal für Kaiser Hadrian errichtet. Fertiggestellt im Jahre 139, war das Mausoleum nicht nur Grablege für Kaiser Hadrian und seine Gemahlin Sabina, sondern auch für weitere Regenten. Bei der Verstärkung der Stadtmauer unter den Kaisern Honorius und Arcadius (ab 395) wurde der Bau als Zitadelle in die Befestigung einbezogen und später während der Gotenherrschaft als Burg ausgebaut. Ab dem 10. Jahrhundert im päpstlichen Besitz, diente die Engelsburg den Päpsten als Zuflucht und Gefängnis. Seit 1870 ist das Bauwerk im Besitz des italienischen Staates und wird heute als Museum genutzt. Ihren Namen verdankt die Engelsburg einer Erscheinung des Erzengels Michael über dem Gebäude, die der Papst Gregor der Große im Jahre 590 dort gesehen haben will.

Inschrift 3: In der Vorhalle links über dem Eingang

1 URBANUS VIII PONT MAX

2 VETUSTAS AHENEI LACUNARIS

3 RELIQUIAS

4 IN VATICANAS COLUMNAS ET

5 BELLICA TORMENTA CONFLAVIT

6 UT DECORA INUTILIA

7 ET IPSI PROPE FAMAE IGNOTA

8 FIERENT

9 IN VATICANO TEMPLO

10 APOSTOLICI SEPULCHRI ORNAMENTA

11 IN HADRIANA ARCE

12 INSTRUMENTA PUBLICAE SECURITATIS

13 ANNO DOMINI MDCXXXII PONTIF IX

vetustus, -a, -um: *alt*
a(h)eneus, -a, -um: *aus Bronze*
lacunar, -aris, n.: *Decke*
reliquiae, -arum: *Überreste*
columna, -ae: *Säule* (gemeint sind die gedreh-
ten Säulen Berninis, die den 1633 im Peters-
dom geweihten Altarbaldachin tragen)
tormenta, -orum: *Kriegsgerät, Geschütze*
conflare: hier: *einschmelzen*
decorum, -i: *Schmuckstück*
Fama, -ae: *Fama* (Göttin des Gerüchts, die
eigentlich alles kennt)
sepulchri = sepulcri
ornamentum, -i: leite ab von ornare
Hadriana arx: *Mausoleum des Hadrian, Engelsburg*
securitas, -atis, f.: *Sicherheit*

5 Übersetze die Inschrift 3. Löse dabei die markierten Abkürzungen auf.

6 Welche Begründung liefert Urban VIII. in dieser Inschrift für sein Handeln?

_____

_____

_____

7 Urban VIII. gehörte zur Familie der Barberini.
Erkläre auf Grundlage der obigen Inschrift, wie es zu
folgendem Spottvers kommen konnte:

Quod non fecerunt Barbari, fecerunt Barberini.

_____

_____

_____

_____

_____

_____

_____

_____

_____

Papst Urban VIII., 1568 als Maffeo Barberini
geboren, regierte von 1623 bis zu seinem
Tod 1644. Auf dem Bild trägt er die Tiara mit
den drei Kronreifen.

Inschrift 4: Gegenüber dem Pantheon, an der Vorderfront einer McDonald's-Filiale

1 PIUS VII P M AN PONTIFICATUS SUI XXIII — Papst Pius VII. (1800–1823)

2 AREAM ANTE PANTHEON M AGRIPPAE — area, -ae: *Platz*

3 IGNOBILIBUS TABERNIS OCCUPATAM — ignobilis, -e: hier: *schäbig, verrufen*

4 DEMOLITIONE PROVIDENTISSIMA — demolitio, -onis, f.: *Abbruch, Zerstörung*

5 AB INVISA DEFORMITATE VINDICAVIT — invisus, -a, -um: leite ab von invidia, -ae
deformitas, -atis, f.: *Hässlichkeit*

6 ET IN LIBERUM LOCI PROSPECTUM PATERE IUSSIT — vindicare: hier: *befreien*
prospectum loci: *Ausblick auf den Ort*

8 Übersetze die Inschrift 4. Löse dabei die markierten Abkürzungen auf.

9 Der Zustand, den Pius VII. beseitigt hat, ist auf dem Kupferstich (oberes Bild) von Giovanni Battista Piranesi (1720–1778) noch gut zu erkennen. Um welche Gebäude könnte es in der Inschrift gehen? Vergleiche den Platz des Gemäldes mit der Gegenwart (unteres Bild) und beurteile den Erfolg von Pius' Maßnahme. Begründe. Für die Beantwortung kann dir auch das folgende Gedicht von Belli nützlich sein.

Giuseppe Gioacchino Belli: Pilgerfahrt zu den Delikatessen (1833)

1 Ja, geschmackvolle Osterfenster sind rar,
Die können doch alle nicht dekorieren.
Aber Paolo am Pantheon: wunderbar!
Mächtige Säulen aus Käsen flankieren

5 Den wuchtig mit Weißbrot bewehrten Altar,
Überwölbt von Würsten. Ganz unten
marschieren
Märtyrer aus Mett, denen folgt eine Schar
Von ganz neuartigen wilden Tieren.

Majestätisch auf einem Thron aus Schinken:
10 Moses, wie lebend, er glänzt wie Perlmutter,
Ganz aus Schmalz, die Wurst als Stab in der Linken.

Hoch oben stehen auf silbernem Teller
Maria und Jesus aus frischer Butter
In einer Grotte aus Mortadella.

In: Belli, Giuseppe Gioacchino (1791–1863): Die Wahrheit packt dich ... Eine Auswahl seiner frechen und frommen Verse, vorgest. und aus dem Ital. übertr. von Otto Ernst Rock. München: Heimeran 1978, S. 99.

Rom – Hauptstadt der Welt

M 4   Francesco Petrarca: *Epistula* 2,14

Francesco Petrarca (1304–1374) ist der Sohn eines Florentiner Notars, der 1302 aus Florenz ver-
bannt worden ist. Die Familie übersiedelt 1310 nach Pisa und 1311 nach Avignon. Petrarca studiert
ab 1316 die Rechte in Montpellier, ab 1320 in Bologna. Nach dem Tod des Vaters kehrt Petrarca nach
Avignon zurück und tritt 1326 in den geistlichen Stand. Am 6.4.1327 (Karfreitag) kommt es in der
Kirche der Hl. Klara in Avignon zur ersten Begegnung mit Laura, jener nicht eindeutig biografisch oder
historisch fixierbaren Frauengestalt, die im Zentrum seiner Lyrik steht. Nach seinen Angaben stirbt sie
am 6.4.1348. Im Sommer 1330 hält sich Petrarca bei seinem Freund Giacomo Colonna, Bischof von
Lombez, auf; dann lebt er wieder in Avignon, bis 1347 im Dienst des Kardinals Giovanni Colonna. Im
Sommer 1333 unternimmt er eine Bibliothekenreise nach Frankreich, Flandern und ins Rheinland. Am
8.4.1341 wird er auf dem Kapitol in Rom zum Dichter gekrönt. 1341–45 besucht er verschiedene ita-
lienische Städte. 1353 verlässt Petrarca Avignon für immer. 1353–61 steht er im Dienste der Visconti
in Mailand und reist u.a. 1356 als deren Gesandter zu Kaiser Karl IV. nach Prag. 1362–68 lebt er in
Venedig, darauf in Padua und auf seinem kleinen Landgut in Arquà.
Die Zeitgenossen sehen in Petrarca v.a. den Humanisten, der als einer der Ersten nach antiken Hand-
schriften forscht und um deren Verbreitung bemüht ist. Petrarca selbst geht mit seiner an Cicero ausge-
richteten lateinischen Prosa beispielgebend voran: Seine Korrespondenz fasste er selbst zusammen, u.a.
in den 24 Büchern der Epistolae familiares *und in den 17 Büchern der* Epistolae seniles; *die* Epistolae
variae *werden posthum von seinen Freunden zusammengestellt.*

Bibliografisches Institut F. A. Brockhaus, Digitale Ausgabe (gekürzt)

1 Ad eundem
2 ab urbe Roma.

3 (1) Ab urbe Roma quid exspectet, qui tam multa de montibus acceperit? Putabas
4 me grande aliquid scripturum, cum Romam pervenissem. Ingens mihi forsan in
5 posterum scribendi materia oblata est; in praesens nihil est, quod incohare ausim,
6 miraculo rerum tantarum et stuporis mole obrutus.

7 (2) Unum hoc tacitum noluerim: Contra ac tu suspicabaris, accidit. Solebas enim,
8 memini, me a veniendo dehortari, hoc maxime praetextu, ne, ruinosae urbis
9 aspectu famae non respondente atque opinioni meae ex libris conceptae, ardor
10 meus ille lentesceret. Ego quoque, quamvis desiderio flagrarem, non invitus
11 differebam, metuens, ne, quod ipse mihi animo finxeram, extenuarent oculi et
12 magnis semper nominibus inimica praesentia.

13 (3) Illa vero, mirum dictu, nihil imminuit, sed auxit omnia. Vere maior fuit
14 Roma, maioresque sunt reliquiae quam rebar. Iam non orbem ab hac urbe
15 domitum, sed tam sero domitum miror. Vale.
16 Romae, Idibus Martiis, in Capitolio.

---

eundem: Gemeint ist Kardinal Giovanni Colonna, an den auch der vorhergehende Brief adressiert ist.

Ordne: Quid ab urbe Roma exspectet, qui …
accipere (-cipio, -cepi, -ceptum): hier: *hören*
grandis, -e: *großartig, herrlich*
scripturum: ergänze *esse*
fors(it)an = *fortasse*
incohare: *anfangen*
moles stuporis: *Last des Staunens*
obruere (-ruo, -rui, -rutum): hier: *überwältigen*
tacitum: ordne: Hoc unum tacitum (praeter-ire) noluerim
suspicari: *vermuten*
dehortari aliquem ab aliqua re: *jmd. von etw. abraten*
praetextu: hier: *aus vorausschauender Überlegung*
ruinosus, -a, -um: *verfallen*
concipere (-cipio, -cepi, -ceptum): *entnehmen, aufnehmen*
lentescere: *ermüden*
extenuare: *schmälern*
mirum dictu: *wunderbar zu sagen*

1 Übersetze den Text von Petrarca.

2 Vergleiche Anfang und Ende des Briefes von Petrarca mit den beiden unten stehenden Beispielen aus Gegenwart und Antike. Welche Gemeinsamkeiten und Unterschiede kannst du feststellen?

Rom,

Lieber Giovanni,

wie geht es dir?

_____

_____

Herzliche Grüße

Dein Francesco

Tullius Terentiae salutem dicit
Si vales, bene est, ego valeo. Nos quotidie tabellarios vestros exspectamus, qui si venerint, fortasse erimus certiores, quid nobis faciendum sit, faciemusque te statim certiorem. Valetudinem tuam cura diligenter. Vale. Kalendis Septembribus.

Tullius sagt seiner Terentia einen Gruß
Wenn es dir gut geht, ist es gut; mir geht es gut. Wir erwarten täglich Post von euch und wenn sie kommt, wissen wir vielleicht besser, was wir zu tun haben, und wir werden dich sofort benachrichtigen. Achte sorgsam auf deine Gesundheit! Leb wohl! 1. September [47 v. Chr.].

(Cicero, Ad familiares 14,22)

Petrarca	moderner Brief	Cicero

3 Sammle aus Absatz 1 von M 4 (Z. 3–6) Begriffe, die die beeindruckende Größe Roms herausstellen.

_____

_____

_____

M 5   Heutige Ansichten von Rom

In F. C. Delius' Erzählung „Der Spaziergang von Rostock nach Syrakus", die im Jahr 1981 beginnt, setzt der Kellner Paul Gompitz aus Rostock alles daran, auf den Spuren Johann Gottfried Seumes nach Italien zu reisen. Nach seiner Flucht aus der DDR, die er nur zum Zweck der Reise, nicht um wirklich im „Westen" zu bleiben, unternommen hat, kommt er tatsächlich auch nach Rom, das er bisher nur aus Reiseberichten des 18. und 19. Jahrhunderts kennt. Aus Rom schreibt er an seine Frau Helga:

1 „Jetzt, mein Liebes, kommt mich eine große Traurigkeit an. Du bist nie dabei, wenn ich etwas Bedeutendes erlebe. Mein Liebes, ich hechele durch dieses herrliche Land, wenn ich 5 irgendwo ankomme, Quartier habe und die ersten Eindrücke verkraften konnte, denke ich nur noch an Dich. Um mich herum sind alle Menschen glücklich und vereint, nur wir beide nicht. Wir sind getrennt durch die Umstände 10 unserer Zeit, wenn es Dir ein Trost ist, möchte ich sagen, wie die klassischen Liebespaare der Geschichte. Ich dachte nun, in Rom würde die Fülle der Eindrücke meine Sehnsucht einige Tage vertreiben. Das ist ein Trugschluß! Aus 15 der Stadt floh ich in die Ruhe des Parks der Villa Borghese, doch hier wurde mir meine Einsamkeit und Sehnsucht nach Dir erst richtig deutlich. Auf dem Weg von der Piazza Venezia über die Via Nazionale zurück in meine Pen-20 sion wurde mir klar, daß ich in dieser lebendigen Stadt vor lauter Sehnsucht krank zu werden drohe. Morgen oder übermorgen reise ich weiter, bald bin ich dann in Syrakus, dem Ziel meiner Italienreise. Dann zähle ich die Tage, 25 die mich von dir trennen."

Delius, Friedrich Christian: Der Spaziergang von Rostock nach Syrakus. Erzählung. Reinbek bei Hamburg: Rowohlt 1995, S. 121 f.

Vor einer Romreise hat die Schülerin Julia Nagl einen Reiseführer genau durchgelesen; schließlich sollte man ja wissen, was einen in Rom erwartet. Ihrem Tagebuch hat sie danach Folgendes anvertraut:

1 Liebes Tagebuch,
wie habe ich mich auf Rom gefreut ... Jetzt bin ich mir nicht mehr so sicher. Bald fahren wir mit unserem Latein-Kurs ja da hin. Da hab ich 5 mal in den Tiefen meiner Bücherregale gekramt und einen Reiseführer über Rom gefunden. Zuerst habe ich mich an die Rubrik „Informationen" gemacht. Ich habe feststellen müssen, dass in der ewigen Stadt einige Gefahren lau-10 ern: Zuerst einmal scheinen alle Römer unablässig zu telefonieren, überall sollen Handys klingeln; genauso wie alle Römer zu rauchen scheinen. Als Blondine wird einem von den Römern anscheinend immer hinterhergepfif-15 fen. Im Reiseführer steht, man soll einfach lachen und weitergehen. Zum Glück bin ich eine Brünette. Für Mann gilt: Man(n) sollte keine Römerin anmachen, weil man sonst unter Umständen ein wenig „kritisiert" wer-20 den könnte, sodass man sich wünscht, kein Italienisch zu verstehen. Ein paar Zeilen drunter steht: „Rom ist das Pflaster für entflammte Herzen", d. h. man findet überall rumknutschende Pärchen, aber wenn man Roma mal 25 rückwärts liest, dann ist ja alles klar: amor. Liebe. Hoffentlich wird man da nicht vor Sehnsucht nach seinem Liebsten daheim krank. Ja, und dann gibt's noch eine richtige Gefahr in Rom: Taschendiebe. Sie stehen an allen Ecken 30 und Enden und haben alle Tricks drauf. Tja, dann werde ich wohl mein Geld in meine Socken stecken und andere kreative Sachen erfinden müssen. Und eine gute Reisediebstahlversicherung wäre auch nicht schlecht. 35 Nur mein Testament, das werde ich wohl nicht schreiben, weil sterben werde ich wohl immerhin nicht. Zumindest ist das nicht meine Absicht. Und im Reiseführer stand auch nichts davon drin. Was einem noch ganz nützlich 40 sein könnte, ist der Satz: non parlo Italiano – ich spreche kein Italienisch. So kann eigentlich nichts mehr schiefgehen.
Deine Julia

Zitate in: Bernardt, Ann-Marie: Willkommen in Rom. Köln: Lingen 2004.

1 Vergleiche den Text M 4 mit Gompitz' Beschreibung von Rom und mit den „Gefahren", die der von der Schülerin benutzte Reiseführer aufzeigt.

_____

_____

_____

_____

2 *Roma – Amor:* Dieses Wortspiel ist bereits in der Antike bekannt. Zeige, wie genau diese Tatsache den Erzähler im „Spaziergang von Rostock nach Syrakus" bedrückt.

_____

_____

_____

3 M 5 (Text 2) nennt eine Reihe von „Gefahren" der Großstadt. Welche hat die Verfasserin vergessen?

_____

_____

_____

Die Piazza Venezia in Rom mit dem Nationaldenkmal für Viktor Emanuel II.

Roms Erbe I: Das Recht

M 6   Infotext: Das römische Recht

„Unser Recht ist heute hauptsächlich in Gesetzen niedergelegt. Sie sind unsere wichtigste Rechtsquelle; wir sind gewohnt, dass alles, was beansprucht, als Recht zu gelten, in wohlgeordneten Gesetzen niedergeschrieben ist: Gesetze des Bundes und der Länder [...]. Die übersichtliche Ordnung der Rechtsquellen war eine der wichtigsten Aufgaben des [...] Staates. Und eben diesem Zweck [...] dienten die ältesten aus der griechisch-römischen Welt bekannten größeren Gesetzgebungen" (In: Liebs, Detlev: Römisches Recht. 6., vollst. überarb. Aufl. Göttingen: Vandenhoeck & Ruprecht 2004, S. 17).

Die Gesetze des Römischen Reiches wurden auf zwölf Bronzetafeln festgehalten und auf dem Forum aufgestellt. Im 2. Jh. n. Chr. verfasste auf Veranlassung des Kaisers Antoninus Pius ein Mann namens Gaius eine neue Zusammenfassung von Gesetzen, die sogenannten *Institutiones*, bevor im 6. Jh. unter Kaiser Justinian Satzungen entwickelt wurden, die lange gültig waren – die sogenannen Digesten aus dem Jahr 533 n. Chr. Sie galten in Deutschland als Grundlage des Rechts bis ins Jahr 1900. Lange Zeit galt in Rom vor allem das sogenannte Zwölftafelgesetz aus dem Jahr 450 v. Chr.

1 Informiere dich über die frühen griechischen Gesetzeswerke, die noch vor dem Zwölftafelgesetz existierten.

2 Das römische Recht wirkt auch heute noch in vielen Rechtsgrundsätzen nach, z. B. auch im Grundgesetz. Ordne die folgenden lateinischen Rechtsgrundsätze aus verschiedenen Zeiten ihrer Entsprechung zu.

Römisches Recht	Grundgesetz
1. Audiatur et altera pars.	a) Alle Menschen sind vor dem Gesetz gleich. (Art. 3, Abs. 1)
2. Domus sua cuique est tutissimum refugium. *refugium, -i: Rückzugsort, Zufluchtsort*	b) Die Wohnung ist unverletzlich. (Art. 13, Abs. 1)
3. Lex moneat, priusquam feriat. *ferire: hier: strafen*	c) Die Richter sind unabhängig und nur dem Gesetze unterworfen. (Art. 97, Abs. 1)
4. Vanae voces populi non sunt audiendae.	d) Vor Gericht hat jedermann Anspruch auf rechtliches Gehör. (Art. 103, Abs. 1)
5. Omnes homines aequales sunt.	e) Eine Tat kann nur bestraft werden, wenn die Strafbarkeit gesetzlich bestimmt war, bevor die Tat begangen wurde. (Art. 103, Abs. 2)

M 7   Mündigkeit

Si a pupillo emero sine tutoris auctoritate, quem puberem esse putem, dicimus usucapionem sequi. Quod si scias pupillum esse, putes tamen pupillis licere res suas sine tutoris auctoritate administrare, non capies usu, quia iuris error nulli prodest.
Dig. 41,4,2,15

pupillus, -i: *Mündel* (unter Vormundschaft stehende Person)
tutor, -oris, m.: *Vormund*
pubes, -eris: *erwachsen*
usucapere/usucapio: *in Besitz nehmen/die Inbesitznahme* (als rechtlicher Fachbegriff)
administrare: *verwalten*

1   Übersetze den Text.

2   Warum werden die beiden Varianten in Dig. 41,4,2,15 in beiden Fällen unterschiedlich bewertet?

3   Zwei Definitionen von Mündigkeit
   - Juristisch:
     „Von Mündigkeit spricht man, wenn das Recht einer Person die Fähigkeit zu verantwortlichem Handeln anerkennt. Der Eintritt der Mündigkeit hängt meistens vom Alter ab. Die Grenze liegt je nach Rechtsgebiet unterschiedlich hoch. So tritt die allgemeine Geschäftsfähigkeit erst mit Vollendung des 18. Lebensjahres ein (§ 2 in Verbindung mit § 106 BGB), während die Strafmündigkeit mit Vollendung des 14. Lebensjahres eintritt (§ 19 StGB)."
     C. Loscher unter http://www.lexexakt.de/glossar/muendigkeit.php

   - Philosophisch:
     „Unmündigkeit ist das Unvermögen, sich seines Verstandes ohne Leitung eines anderen zu bedienen."

   a   Erkläre, was in der philosophischen Definition unter „Mündigkeit" verstanden wird, und zeige den Unterschied zum juristischen Begriff.

   b   Suche Beispiele für den philosophischen Mündigkeitsbegriff und überlege, ob diese Art von Mündigkeit heute noch aktuell ist.

   c   Warum sind beide Begriffsinhalte für das Verständnis von M 7 nützlich?

M 8 Die gestohlenen Schafe und ihre Wolle

Lana ovium furtivarum si quidem apud furem detonsa est, usucapi non potest, si vero apud bonae fidei emptorem, contra: quoniam in fructu est, nec usucapi debet, sed statim emptoris fit.

Dig. 41,3,4,19

lana, -ae: *Wolle*
furtivus, -a, -um: *gestohlen*
detondēre (-tondeo, -tondi, -tonsum): *scheren*
emptor bonae fidei: *ein gutgläubiger Käufer*
fructus, -us, m.: *Nutzung*

1 a Übersetze den Text.

   b Schreibe aus den Texten M 7 und M 8 die Hauptsätze heraus. Welche Funktionen haben sie immer?

2 Versuche dich als Richter im folgenden Fall, der sich an M 8 anschließen könnte.

D stiehlt dem Eigentümer E ein Schaf. D schert das Schaf und verkauft die Wolle an den gutgläubigen W. Das Schaf verkauft er anschließend an S. W fertigt ein Jahr später aus Wolle ein Kleidungsstück. Das Schaf wirft bei S ein Junges. 2 Jahre nach dem Diebstahl erfährt E, was sich ereignet hat. D ist längst weg. Was kann E von W und S verlangen?

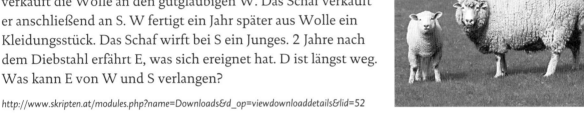

http://www.skripten.at/modules.php?name=Downloads&d_op=viewdownloaddetails&lid=52

M 9 Diebstahl?

Si pavonem meum mansuetum, cum de domo mea effugisset, persecutus sis, quoad is perit, agere tecum furti ita potero, si aliquis eum habere coeperit.

Dig. 47,2,37

pavo, -onis, m.: *Pfau*
mansuetus, -a, -um: *zahm*
agere alicuius rei cum aliquo: *jemanden wegen etwas anklagen*
habere: hier: *in seiner Gewalt haben*

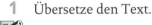

1 Übersetze den Text.

2 Konstruiere einen derartigen Fall, bei dem der Angeklagte freigesprochen werden müsste.

Mosaik eines Pfaus aus Paphos (Zypern)

M 10 Das Plagiat: Geistiger Diebstahl oder kreative Arbeit?

1 Als Plagiat bezeichnet man allgemein die be-
wusste Aneignung fremden Geistesgutes. Plagiator ist derjenige, der ein fremdes Werk oder
Teile eines fremden Werkes als sein eigenes
5 Werk ausgibt und somit „geistigen Diebstahl"
begeht.
Der Plagiator begeht eine zivilrechtlich uner-
laubte und zum Schadenersatz an den Autor
verpflichtende Handlung, die gleichzeitig auch
10 noch strafbar ist.
Der Plagiator ist also derjenige, der seinen Text
wörtlich bei einem anderen Urheber ab-
schreibt, ohne ihn korrekterweise zu zitieren,
und anschließend dieses Werk als sein eigenes
15 geistiges Eigentum ausgibt.

Institut für Betriebs- und Dialogsysteme, Autor: Karsten Kutschera
(http://i31www.ira.uka.de/docs/mm+ep/11_RECHT/node14.html)

Ursprünglich ist ein plagiarius *ein Menschenräuber. Doch findet sich der Begriff schon in der Antike in übertragener Bedeutung. So im folgenden Gedicht von Martial (1,52):*

1 Commendo tibi, Quintiane, nostros –   commendare: *anvertrauen*
2 nostros dicere si tamen libellos
3 possum, quos recitat tuus poeta –:
4 si de servitio gravi queruntur,
5 adsertor venias satisque praestes,   adsertor, -oris, m.: hier: *Befreier*
                                              praestare: hier: *einstehen, sich verbürgen*
6 et, cum se dominum vocabit ille,
7 dicas esse meos manuque missos.
8 Hoc si terque quaterque clamitaris,   clamitare = clamare
9 inpones, plagiario pudorem.   inpones = impones

1 Übersetze den Text.

2 In welchem Sinn wird *plagiarius* hier verwendet?

Marcus Valerius Martialis.
Stich aus dem Jahr 1814

3 Wie denkst du über Plagiate? Nimm auch die Argumente aus den folgenden Texten zu Hilfe.

Text 1:

1 Lessig: […] Es gibt einen fundamentalen Unterschied zwischen der Kultur des 20. und der des 21. Jahrhunderts. Der typische Kultur-Mensch des 20. Jahrhunderts ist die Couch-Potato – je-
5 mand, der nur konsumiert. Für so eine Person ist die Verbesserung des Kulturangebotes gleichbedeutend mit der Erhöhung der Anzahl von TV-Stationen. Die Gruppe von Personen, die hier Kultur produziert, wird immer kleiner.
10 Die Kulturwelt des 21. Jahrhunderts – also im Grunde die unserer Kinder – besteht nicht mehr nur aus Konsum, hier spielt die Produktion eine ebenso große Rolle. Das Internet und die digitalen Technologien machen es möglich, 15 dass man Inhalte nimmt, sie remixt, verändert und das Ergebnis dann mit Tausenden anderen über das Internet austauscht. Leute des 20. Jahrhunderts haben kein Gespür für diese Kultur – für sie sind Sachen wie Peer-to-Peer-Technolo-
20 gien und Kids, die Songs herunterladen, einfach nur Kriminelle. Aber das 20. Jahrhundert ist tot. Und das 21. Jahrhundert muss einsehen, dass die Gedankenwelt des 20. Jahrhunderts unsere Rechte und unseren Umgang mit
25 Kultur massiv beschneidet. […]

aus: Interview: Warum rebellieren wir nicht gegen das Copyright?
Gespräch mit Lawrence Lessig
(http://www.golem.de/0406/31857-2.html)

Text 2:

1 Das Portfolio der Fälscher und Plagiatoren lässt sich sehen: Liebeskugeln, Duschbrausen oder Spielzeugmähdrescher – es gibt nichts, wovor die Fälscher zurückschrecken. Auffällig – aber
5 nicht überraschend: Viele der Plagiate kommen aus China. Mit dem Plagiarius-Preis werden die dreistesten Fälscher und Plagiatoren des Jahres gekürt. Mit der Auszeichnung soll auf die nega-tiven volkswirtschaftlichen Auswirkungen von
10 Plagiaten und Fälschungen aufmerksam gemacht werden. Alleine in Deutschland soll der jährliche Schaden bei rund 29 Milliarden Euro liegen.

aus: Die Kupfer-Könige
(http://www.sueddeutsche.de/wirtschaft/
negativpreis-die-besten-faelscher-
die-kupfer-koenige-1.61327)

Der „Plagiarius" wird alljährlich an die dreistesten Plagiatoren verliehen. Symbol ist ein schwarzer Zwerg mit einer goldenen Nase (der goldenen Nase, die sich Plagiatoren verdienen).

Roms Erbe II: Der Kalender

M 11 Caesars Kalenderreform

Der römische Kalender, den bereits der sagenhafte König Numa eingeführt haben soll, basierte auf dem Mondjahr und hatte 355 Tage. Das heißt, dass in jedem Jahr sogenannte „Interkalationen" stattfinden mussten, damit der Kalender mit den Jahreszeiten übereinstimmen konnte. Es wurden dabei Tage oder meist ganze Monate eingefügt. Wichtig war lediglich das Festhalten an den Terminen der Feiertage. Dauer und Zeitpunkt der Interkalationen wurde durch die Priesterkollegien veranlasst und durch den Senat bestätigt. Oftmals ging es dabei aber nicht um astronomische Erfordernisse. Zudem wurde die Tatsache von Interkalationen dem Volk sehr kurzfristig mitgeteilt. Allerdings war Caesar selbst im Jahr 47 Pontifex Maximus.
Im Jahr 46 v. Chr. führt Caesar eine umfassende Kalenderreform durch. Diese war nötig geworden, da in diesem Jahr der gültige Kalender um 90 Tage dem Sonnenstand nachhinkte.
Obwohl Caesar über diese Kalenderreform selbst auch geschrieben hat, sein Werk De astris *aber verloren ist, müssen wir spätere Quellen zu Caesars Vorgehen befragen. Eine wichtige ist der spätantike Schriftsteller Macrobius (385–423 n. Chr.), der in seinem Werk* Saturnalia *auch über diese Reform schreibt:*

1 Verum fuit tempus, cum propter superstitionem intercalatio omnis omissa est:
2 nonnumquam vero per gratiam sacerdotum, qui publicanis proferri vel imminui
3 consulto anni dies volebant, modo auctio modo retractio dierum proveniebat.
4 Sed postea C. Caesar omnem hanc inconstantiam temporum vagam adhuc et
5 incertam in ordinem state definitionis coegit.
6 Ergo C. Caesar – exordium novae ordinationis initurus – dies omnes, qui adhuc
7 confusionem poterant facere, consumpsit: Eaque re factum est, ut annus
8 confusionis ultimus in quadringentos quadraginta tres dies protenderetur. Post
9 hoc imitatus Aegyptios solos divinarum rerum omnium conscios ad numerum
10 solis, qui diebus tricenis sexaginta quinque et quadrante cursum conficit, annum
11 dirigere contendit. Nam solis annus hoc dierum numero colligendus est, quem
12 peragit, dum ad id signum se denuo vertit, ex quo digressus est.
13 Iulius ergo Caesar decem dies observationi veteri superadiecit, ut annum trecenti
14 sexaginta quinque dies, quibus sol lustrat zodiacum, efficerent: Et, ne quadrans
15 esset, statuit, ut quarto quoque anno sacerdotes, qui curabant mensibus ac
16 diebus, unum intercalarent diem, eo scilicet mense ac loco, quo etiam apud
17 veteres mensis intercalabatur, id est ante quinque ultimos Februarii mensis dies,
18 idque bissextum censuit nominandum.

Macr. Sat. 1,14,1–6 (mit Auslassungen)

superstitio, -onis, f.: *Irrglaube, Aberglaube*
intercalatio, -onis, f.: *Interkalation (d. h. die Einfügung von Schalttagen)*
publicanus, -i: *Steuerpächter*
consulto (Adv.): *absichtlich*
modo auctio modo retractio: *mal die Vermehrung, mal die Verringerung*

confusio, -onis, f.: *Verwirrung*
inconstantia … incertam: *die bisher kaum nachvollziehbare Zeitrechnung*
in ordinem state definitionis cogere: *in eine feste Ordnung bringen*
ordinatio = ordo
consumere: hier wörtlich aufzufassen
protendere (-tendo, -tendi, -tentum): *ausdehnen*
Aegyptii, -orum: *Ägypter (Ptolemäus III. versuchte 238 v.Chr. eine Kalenderreform in Ägypten; Caesar, der sich 47 v. Chr. dort aufhielt, kann sich damit beschäftigt haben)*
quadrans, -antis, m.: hier: *ein Vierteltag*
annum dirigere: *das Jahr einrichten*
colligere = deligere
peragere (-ago, -egi, -actum): *vollenden, durchlaufen*
signum: hier: *Sternbild, Tierkreiszeichen*
denuo (Adv.): *wieder*
digredi = egredi
lustrare: *beleuchten*
zodiacus, -i: *Tierkreis*
efficere (-ficio, -feci, -fectum): hier: *bilden*
quarto quoque anno: *in jedem 4. Jahr*
intercalare: *einschalten, dazwischenschalten*
bi(s)sextum, -i: *Schalttag*

1 Übersetze den Text.

2 Welchen praktischen, nicht astronomischen Grund für die Einführung des neuen Kalenders nennt Macrobius im ersten Absatz?

_____

_____

_____

_____

3 Aus dem Einführungtext weißt du, dass die Priesterkollegien für die offizielle Zeitrechnung Verantwortung trugen. Dies ändert sich auch nach der Reform nicht. Woran wird dies im letzten Absatz des Textes deutlich? Und woran zeigt sich zugleich die deutliche Beschneidung ihrer Macht?

_____

_____

_____

_____

_____

_____

4 Warum wird das Jahr von Caesars Kalenderreform als _annus confusionis ultimus_ (Z. 7 f.) bezeichnet?

_____

_____

_____

_____

_____

5 Welche praktischen Probleme ergaben sich bei den „Interkalationen" für die Bevölkerung? Denke daran, dass man ja manchmal Termine einhalten musste.

_____

_____

_____

_____

6 Im Jahr 46 tritt Caesar sein 3. Konsulat an. Schreibe eine kurze Selbstcharakteristik, die er im Wahlkampf für sich verfasst haben könnte. Dabei sollte er möglichst viele unterschiedliche Wählerschichten ansprechen. Nutze auch die unten stehende Übersicht.

Porträtbüste von Gaius Iulius Caesar.
Rom, Vatikanische Museen

100 v. Chr.	Geburt in Rom als Angehöriger der *gens Iulia*, einer patrizischen Familie, die ihren Stammbaum bis auf Aeneas, den Stammvater der Römer, zurückführt
84 v. Chr.	Heirat mit Cornelia
81–76 v. Chr.	Einsatz als Offizier und Gerichtsredner
75 v. Chr.	Bildungsreise nach Rhodos
73 v. Chr.	Pontifex, Militärtribun
69 v. Chr.	Tod der Cornelia
68–59 v. Chr.	Cursus honorum (Quästor, Ädil, Prätor, Konsul)
63 v. Chr.	Pontifex maximus
59 v. Chr.	Konsulat (zusammen mit Bibulus)
58 v. Chr.	1. Triumvirat (mit Crassus und Pompeius)
58–51 v. Chr.	Bellum Gallicum
53 v. Chr.	Tod des Crassus → Versuch der Entmachtung Caesars durch den Senat und Pompeius
49 v. Chr.	Beginn des Bürgerkriegs
48 v. Chr.	2. Konsulat, Sieg über Pompeius
44 v. Chr.	Ermordung Caesars

M 12 Gregor XIII.: Die Reform der Reform

Das von Caesar angenommene Jahr war um elf Minuten zu lang. So kam es, dass der Kalender, trotz der Schaltung, in 128 Tagen einen Tag zu schnell war. Dieser Fehler hatte sich im Jahr 1582 auf zehn Tage summiert, sodass eine neue Reform nötig wurde. Sie führte Papst Gregor XIII. durch. Er bestimmte, dass ein Schalttag dann ausfällt, wenn ein volles Jahrhundert Schaltjahr ist. Ausnahmen bilden die durch 400 teilbaren vollen Jahreszahlen, wie 1600, 2000 usw. Er setzte die durchschnittliche Jahreslänge auf 365,2425 Tage (im Kalender Caesars waren es 365,25 Tage) fest. Zudem wurde mit der Reform der bis dahin variable Jahresbeginn verbindlich auf den 1. Januar gelegt.

Er hatte allerdings im Jahr 1582 das Problem, nicht, wie Caesar, Tage zuschalten, sondern Tage ausschalten zu müssen. Daraus ergaben sich natürlich Probleme:

1 Hoc vero, quod nimirum exigit legitimam kalendarii restitutionem, iamdiu a
2 Romanis Pontificibus, praedecessoribus nostris, et saepius tentatum est; verum
3 absolvi et ad exitum perduci ad hoc usque tempus non potuit, quod rationes
4 emendandi kalendarii, quae a coelestium motuum peritis proponebantur,
5 propter magnas et fere inextricabiles difficultates, quas huiusmodi emendatio
6 semper habuit, neque perennes erant, neque antiquos ecclesiasticos ritus
7 incolumes (quod in primis hac in re curandum erat) servabant.
8 Ne vero ex hac nostra decem dierum subtractione, alicui, quod ad annuas vel
9 menstruas praestationes pertinet, praeiudicium fiat, partes iudicum erunt in
10 controversiis, quae super hoc exortae fuerint, dictae subtractionis rationem
11 habere, addendo alios X dies in fine cuiuslibet praestationis.

Gregor XIII., Inter Gravissimas 4. 8

nimirum: *freilich*
legitima kalendarii restitutio: *rechtliche Kalenderreform*
Romanus Pontifex = Pontifex maximus
praedecessor, -oris, m.: *Vorgänger*
tentatum est = temptatum est
ratio, -onis, f.: hier: *Vorschlag, Überlegung*
emendare: *verbessern* (→ emendatio, -onis, f.)
motus caelestes: *Himmelsbewegungen, Bewegungen der Himmelskörper*
inextricabilis, -e: *unentwirrbar*
perennis, -e: *ewig, andauernd, langlebig*
ritus ecclesiastici: *kirchliche Riten, Bräuche*
subtractio, -onis, f.: *Verminderung, Abzug* (Gregor „verkürzte" das Jahr 1582 um 10 Tage: Auf den 04.10. folgte der 15.10.)
annuae vel menstruae praestationes: *jährliche oder monatliche Zahlungen*
praeiudicium, -i: *Nachteil*
partes iudicum: *die Aufgabe der Richter*
super hoc: hier: *deswegen*
rationem habere: *in Rechnung stellen*

1 Übersetze den Text.

2 Erarbeite aus den Texten von Macrobius und Gregor sowie aus den Einführungstexten die wesentlichen Gesichtspunkte der Reformen. Fülle dabei die Tabelle aus.

46 v. Chr.		1582
	Durchführende Person	
	Gründe der Reform	

	Praktische Probleme	
	Lösung der Probleme	

3 Welche Gemeinsamkeiten und Unterschiede fallen dir an der Gegenüberstellung auf?

Darstellung der Kommission für die Reform des Julianischen Kalenders unter Papst Gregor XIII. Der fachliche Leiter der Kommission war der Jesuit Christophorus Clavius (1537/38–1612) aus Bamberg, der am Collegio Romano in Rom Mathematik unterrichtete.

4 Gregors Reform wurde nicht in allen Ländern Europas sofort umgesetzt. Auf der folgenden Übersicht siehst du, wie sich der Kalender in der Welt verbreitet hat. Erkläre, warum es zu diesen zeitlichen Verschiebungen kommen konnte.

	1600	1700	1800	1900	2000

1582
Spanien, Frankreich und ihre Kolonien
Italien, Spanische Niederlande, Savoyen, Luxemburg

1811
Graubünden

1912
China

1582/83
Österreich; katholische Gebiete in Deutschland und in der Schweiz

1873
Japan

1584
Böhmen

1875
Ägypten

1586
Polen

1912
Albanien

1587
Ungarn

1752
Großbritannien und seine Kolonien

1915
Lettland, Litauen

1610
Preußen

1753
Schweden und Finnland

1916
Bulgarien

1760
Lothringen

1918
Russland, Estland

1648
Elsass

1919
Rumänien, Jugoslawien

1682
Straßburg

1922
UdSSR

1700
Protestantische Gebiete in Deutschland, der Schweiz
und den Niederlanden; Norwegen, Dänemark

1923
Griechenland

1926
Türkei

Papst Gregor XIII., 1502 als Ugo Boncompagni geboren, regierte von 1572 bis zu seinem Tod 1585.

Roms Erbe III: Der neue römische Kaiser

M 13 Einhard und Karl der Große

Der Schriftsteller und Gelehrte Einhard lebt im 8./9. Jh. im Umkreis Karls des Großen. Wahrscheinlich hat er seine Ausbildung im Kloster Fulda erhalten. Hier lernt er auch die antiken Schriftsteller kennen. Auf Empfehlung seines Abtes kam er nach Aachen, wo Karl herrschte. Dieser lernt den gelehrten Mann bald schätzen und lässt ihn sogar in seinem Auftrag nach Rom reisen. König Karl wird im Jahr 800 in Rom zum Kaiser gekrönt; er ist damit der erste Kaiser im ehemaligen weströmischen Reich seit dessen Untergang. An seinen Hof holt er die bedeutendsten Gelehrten der damaligen Zeit, unter ihnen auch Einhard. Dies führt zu einer Belebung von Wissenschaft und Bildung im Reich. Dabei greift er bewusst auf antike Vorbilder zurück, weshalb diese Epoche die Karolingische Renaissance genannt wird. Karl stirbt im Jahr 814 in Aachen. Nach Karls Tod zieht sich Einhard in die Einsamkeit zurück, lebt wohl in Michelstadt im Odenwald oder in Seligenstadt. Gleich nach Karls Tod schreibt er auch die Biografie des Herrschers, die Vita Karoli Magni, *aus der der folgende Text stammt:*

1 In cibo et potu temperans, sed in potu temperantior, quippe qui ebrietatem in
2 qualicumque homine, nedum in se ac suis plurimum abhominabatur. Cibo enim
3 non adeo abstinere poterat, ut saepe quereretur noxia corpori suo esse ieiunia.
4 Convivabatur rarissime, et hoc praecipuis tantum festivitatibus, tunc tamen cum
5 magno hominum numero.

6 Inter cenandum aut aliquod acroama aut lectorem audiebat. Legebantur ei
7 historiae et antiquorum res gestae. Delectabatur et libris Sancti Augustini,
8 praecipueque his, qui De civitate Dei praetitulati sunt. Aestate post cibum
9 meridianum pomorum aliquid sumens ac semel bibens, depositis vestibus et
10 calciamentis, velut noctu solitus erat, duabus aut tribus horis quiescebat.
11 Noctibus sic dormiebat, ut somnum quater aut quinquies non solum
12 expergiscendo, sed etiam desurgendo interrumperet.

13 Cum calciaretur et amiciretur, non tantum amicos admittebat, verum etiam, si
14 comes palatii litem aliquam esse diceret, quae sine eius iussu definiri non posset,
15 statim litigantes introducere iussit et, velut pro tribunali sederet, lite cognita
16 sententiam dixit; nec hoc tantum eo tempore, sed etiam, quicquid ea die
17 cuiuslibet officii agendum aut cuiquam ministrorum iniungendum erat,
18 expediebat.

19 Religionem Christianam, qua ab infantia fuerat imbutus, sanctissime et cum
20 summa pietate coluit; ac propter hoc plurimae pulchritudinis basilicam
21 Aquisgrani exstruxit auroque et argento et luminaribus atque ex aere solido
22 cancellis et ianuis adornavit. Ad cuius structuram cum columnas et marmora
23 aliunde habere non posset, Roma atque Ravenna devehenda curavit.

24 Legendi atque psallendi disciplinam diligentissime emendavit. Erat enim
25 utriusque admodum eruditus, quamquam ipse nec publice legeret nec, nisi
26 submissim et in commune, cantaret.

Einhard: Vita Karoli Magni 24–26 (mit Auslassungen)

---

in potu: *beim Trinken*
temperans, -ntis: *maßvoll*
ebrietas, -atis, f.: *Trunkenheit, Trunksucht*
nedum: hier: *vor allem aber*
ab(h)ominari: *verabscheuen*
ut: hier: *vielmehr*
noxius, -a, -um: *schädlich*
ieunium, -i: *Fasten, Hunger* (hier poet. Pl.)
acroama, -atis, n.: *Vortrag (mit Musik)*
libri Sancti Augustini: *Bücher des Hl. Augustinus* (354–430 n. Chr., ein Kirchenvater)
praetitulatus, -a, -um: *betitelt*
cibus meridianus: *Mittagessen*
poma, -orum: *Früchte, Obst*
semel: *einmal*
calciamentum, -i: *Schuhwerk*
quater et quinquies: *vier- oder fünfmal*
expergisci (expergiscor): *aufwachen*
desurgendo = surgendo
cum calciaretur et amiciretur: *wenn man ihm Schuhe anzog und ihn ankleidete*
comes palatii: *Pfalzgraf* (Verwalter einer kaiserlichen Pfalz)
lis, litis, f.: *Rechtsstreit, Streitsache*
definire: hier: *entscheiden*
litigantes: *leite ab von* lis (s. o.)
pro tribunali sedere: *Gericht halten*
sententiam dicere: *das Urteil sprechen*
iniungere alicui aliquid: *jmd. mit etw. beauftragen*
expedire: *erledigen*
ab infantia = a pueritia
imbuere (-buo, -bui, -butum): *tränken, durchdringen*
Aquisgranum, -i: *Aachen*
luminaria, -ium: *Leuchter*
aes solidum: *feste Bronze*
cancelli, -orum: *Gitter*
adornare = ornare
structura, -ae: *Bauwerk*
cum = cum ad eius structuram …
columna, -ae: *Säule*
devehi (devehor): hier: *herbeibringen*
psallere: *zur Zither singen*
emendare: *verbessern*
submissim et in commune: *leise und im Chor*

1 Präge dir, bevor du den Text übersetzt, die folgenden verallgemeinernden Relativpronomina ein.
Das Suffix -*cumque* oder die Verdopplung des Pronomens bedeutet ... *auch immer.*
Das Präfix *ali-* bedeutet *irgend-.*

Also heißt:

quicumque/quisquis	wer auch immer
quandocumque	_____ auch immer
ubicumque	_____ auch immer
qualiscumque	welcher auch immer
aliquis	irgendwer
aliquando	irgend_____
alicubi	irgend_____

aber:

alibi	anderswo
aliunde	anderswoher

Merke dir auch:

quilibet	jeder beliebige

Einhard schreibt die Vita Karls des Großen. Französische
Buchmalerei um 1375/ 79. Paris, Bibliothèque Nationale

2 Übersetze den Text.

3 Die Gattung der Herrscherbiografie steht in einer langen Tradition. Themen und Motive der Darstellung sind wesentlich beeinflusst von antiken Vorbildern, nicht zuletzt von Suetons Schrift *De vita Caesarum* (ca. 120 n. Chr.). Wie sehr Einhard von dessen Text beeinflusst wurde, zeigt sich im konkreten Vergleich.
Ordne die folgenden Auszüge aus Suetons *Augustus-Vita* den obigen Texten zu und übernimm die passenden Überschriften.

- Bautätigkeit (Zeilen im Text M 12: _____)

  Er ließ sehr viele öffentliche Bauten errichten, von denen wohl die bedeutendsten sind: ein Forum mit einem Tempel für Mars Ultor, der Tempel des Apollo auf dem Palatin, der Tempel für Iuppiter Tonans auf dem Kapitol. [...] Den Tempel des Apollo ließ er in dem Teil seines Palastes auf dem Palatin in die Höhe wachsen, von dem die Opferschauer nach einem Blitzschlag verkündet hatten, der Gott wolle dort verehrt werden. [...] Heiligtümer, die aufgrund ihres Alters eingestürzt oder durch Feuer zerstört waren, ließ er wiederaufbauen und sie, wie die anderen, mit reichen Geschenken ausstatten; so brachte er für die Cella des Iuppiter Capitolinus sechzehntausend Pfund Gold, Edelsteine und Perlen im Wert von fünfhundert Millionen Sesterzen durch eine einzige Schenkung auf.

- Der Herrscher als Richter (Zeilen im Text M 12: _____)

  Er selbst sprach ständig Recht, manchmal auch bis in die Nacht hinein, und wenn es ihm körperlich nicht so gut ging, in seiner Sänfte, die er vor dem Richtertribunal hatte aufstellen lassen, oder liegend von zu Hause aus. Recht sprach er nicht nur mit höchster Gewissenhaftigkeit, sondern auch mit derselben Milde.

- Lebensführung (Zeilen im Text M 12: _____)

Es steht fest, dass Augustus in den übrigen Bereichen seines Lebens sehr enthaltsam war und ohne jeden Verdacht auf irgendein Laster. [...] Wein trank er von Natur aus äußerst mäßig. [...] Tagsüber trank er nicht unüberlegt. Anstelle des Trunks nahm er in kaltes Wasser getunktes Brot oder ein Stück Gurke, einen Lattichstängel oder frisches oder getrocknetes Obst mit weinartigem Geschmack zu sich.

- Tagesablauf (Zeilen im Text M 12: _____)

Nach dem Mittagessen ruhte er sich gewöhnlich – ohne die Füße zu bedecken – ein wenig aus, und zwar so, wie er gerade mit Kleidung oder Schuhwerk bekleidet war [...]. Von der Abend-mahlzeit weg zog er sich auf seine Liege im Studierzimmer zurück, dort blieb er bis tief in die Nacht [...]. Dann erst ging er zu Bett und schlief nicht länger als höchstens sieben Stunden, und die schlief er nicht einmal in einem Stück durch, sondern er verbrachte sie so, dass er während dieser Zeit drei- oder viermal aufwachte. Wenn er aufgewacht war und, wie es vorkam, keinen Schlaf mehr finden konnte, versuchte er wieder einzuschlafen, indem er Vorleser und Geschich-tenerzähler kommen ließ [...].

- Bildung (Zeilen im Text M 12: _____)

Die Beredsamkeit und das Studium der freien Künste übte er von frühester Jugend an mit Ehrgeiz und großer Energie.

4   Fülle die Tabelle aus und erläutere die Gemeinsamkeiten.

Augustus		Karl
_____ _____ _____ _____	Bautätigkeit	_____ _____ _____ _____
_____ _____ _____ _____	Der Herrscher als Richter	_____ _____ _____ _____
_____ _____ _____ _____	Lebensführung	_____ _____ _____ _____

Augustus		Karl
	Tagesablauf	
_____		_____
_____		_____
_____		_____
_____		_____
	Bildung	
_____		_____
_____		_____
_____		_____
_____		_____

Die Augustus-Statue von Prima Porta. 1. Jh. n. Chr.
Rom, Vatikanische Museen

Reiterstandbild von Karl dem Großen. Um 870.
Paris, Louvre.

Latein – Die Sprache Europas

Schon im Deutschen gibt es eine Reihe von Wörtern, die man sich mit Grundkenntnissen des Lateini-
schen gut herleiten kann. In seinem Bestseller „Bildung" erläutert der Anglist Dietrich Schwanitz:
„[W]ürde man die lateinischen Präpositionen und die Stammformen der häufigsten Verben kennen,
würde man eine ungeheure Menge von Fremdwörtern selbst ableiten können" (vgl. S. 413).

M 14 Ableitung von Fremdwörtern mittels Präpositionen und Stammformen

	capere -ceptum fangen	cedere cessum gehen	currere cursum laufen	dicere dictum sagen	ducere ductum führen	iacere -iectum werfen	ponere positum stellen	-spicere spectum blicken
ad/ac	akzeptieren	akzessorisch		Addiktion	Adduktor	Adjektiv	Apposition	Aspekt
de					Deduktion deduktiv	Dejektion	Deposition	despektier-lich
ex	Exzeption exzeptionell	Exzess	Exkursion Exkurs	Edikt	Edukation	Ejakulation	Exposition	
con/cum	Konzept	Konzession	Konkurs Konkurrenz		Kondukteur	Konjektion	Komposi-tion	
in			Inkursion	Indikation (dicare) indikativ	Induktion induktiv	Injektion	Imposition	Inspektion
pro		Prozess Prozession	Prokurs		Produktion produzieren produktiv etc.	Projekt	Proposition	Prospekt
prae	Präzeptor	Präzession		Prädikat (dicare)			Präposition	
re	Rezept	Rezess	Rekurs		Reduktion	Rejektion	Reposition (Wiederein-richten eines gebro-chenen Gliedes)	Respekt

Die mit einem „-" versehenen Verben haben nur in der Zusammensetzung mit einer Präposition das angegebene Partizip Perfekt. Sonst haben sie einen starken Vokal (Beispiel: iactum/-ictum). Nach: Schwanitz, Dieter: Bildung. Alles, was man wissen muss. Frankfurt/M.: Eichborn 1999, S. 414.

1 Leite dir mithilfe der Tabelle die Grundbedeutung der folgenden in der Tabelle genannten Wörter
her und versuche zu erklären, was damit gemeint ist. Du kannst auch ein Fremdwörterlexikon zu
Hilfe nehmen.

Injektion _____

Reduktion _____

Präposition _____

Prospekt _____

M 15 Gemeinsame Erklärung vom 19.11.1990

Aus der Gemeinsamen Erklärung der 22 Staaten von NATO und Warschauer Vertragsorganisation über die neuen Ost-West-Beziehungen in Europa, am Rande des KSZE-Gipfeltreffens in Paris verabschiedet am 19.11.1990:

1 Die Staats- und Regierungschefs Belgiens, Bulgariens, Dänemarks, Deutschlands, Frankreichs, Griechenlands, Islands, Italiens, Kanadas, Luxemburgs, der Niederlande, Norwegens,
5 Polens, Portugals, Rumäniens, Spaniens, der Tschechischen und Slowakischen Föderativen Republik, der Türkei, Ungarns, der Union der Sozialistischen Sowjetrepubliken, des Vereinigten Königreichs und der Vereinigten Staaten
10 von Amerika,
- hocherfreut über den historischen Wandel in Europa,
- befriedigt über die in ganz Europa zunehmende Verwirklichung der gemeinsamen
15 Verpflichtung zu pluralistischer Demokratie, Rechtsstaatlichkeit und Menschenrechten, die für den Fortbestand der Sicherheit auf dem Kontinent wesentlich sind,
- in Bekräftigung der Feststellung, dass das
20 Zeitalter der Teilung und Konfrontation, das mehr als vier Jahrzehnte gedauert hat, zu Ende ist, dass sich die Beziehungen zwischen den Ländern verbessert haben und dass dies zur Sicherheit aller beiträgt,
25 - im Vertrauen darauf, dass die Unterzeichnung eines Vertrages über konventionelle Streitkräfte in Europa einen bedeutenden Beitrag zum gemeinsamen Ziel erhöhter Sicherheit und Stabilität in Europa darstellt,
30 und
- überzeugt, dass diese Entwicklung Teil eines fortwährenden Prozesses der Zusammenarbeit sein muss, um die Strukturen für einen zusammenwachsenden Kontinent zu
35 schaffen,
geben folgende Erklärung ab: [...]

---

1 Kläre mithilfe der Tabelle und eines Lateinwörterbuches die Bedeutung der im Text markierten Wörter. Die Bedeutung der folgenden Vokabeln solltest du dafür wissen:

foedus, -eris, n.	
frons, frontis, f.	
historia, -ae	
plures	
regere (rego, rexi, rectum)	
socius, -i	
stare (sto, steti, staturum)	
struere (struo, struxi, structum)	
tenere (teneo, tenui, tentum)	
venire (venio, veni, ventum)	

Regierung _____

föderativ _____

sozialistisch _____

historisch _____

pluralistisch _____

Kontinent _____

Konfrontation _____

konventionell _____

Stabilität _____

Prozess _____

Struktur _____

2 **a** Informiere dich im Internet über die KSZE und ihre Nachfolgeorganisation, die OSZE.

_____

_____

_____

b Vergleiche die unterzeichnenden Staaten mit dem heutigen Staatenbild in Europa. Welche Veränderungen haben sich ergeben?

_____

_____

_____

c Wie unterscheiden sich die einzelnen in der Gemeinsamen Erklärung genannten Punkte hinsichtlich ihrer Verbindlichkeit? Beachte dafür vor allem die einleitenden Formulierungen.

_____

_____

_____

d Beurteile, inwiefern die geäußerte Zuversicht der Staatschefs im Rückblick gerechtfertigt war.

_____

_____

M 16 Italienisch inklusive

Das Italienische ist der direkte „Nachkomme" des Lateinischen. Deshalb dürfte es dir als „Lateiner" nicht so schwerfallen, auch einen italienischen Text zu lesen. Vorausgesetzt, du beherzigst ein paar Regeln.

1 Caro Marco,
2 come stai? Per noi in Italia le vacanze estive non sono ancora finite, mentre per te
3 gli studi delle lingue classiche sono già iniziati di nuovo. Povero te! Io invece
4 godo ancora delle vacanze, perché da noi le vacanze durano tre mesi – da giugno
5 a settembre. Ne sono molto contento. A Pasqua invece siete voi ad avere due
6 settimane libere. Noi ricominciamo a lavorare dopo una settimana libera.
7 Mi piace molto stare tutta la Settimana Santa con te ed i tuoi genitori in
8 Germania l'anno prossimo.

9 Cordiali saluti
10 Fabio

non … ancora: *noch nicht*
mentre: *während*

perché: *denn, weil*

ne: *darüber*
Pasqua: *Ostern*
settimana: *Woche*
dopo: *nach*
Settimana Santa: *Karwoche*

1   Finde für die markierten Wörter die lateinischen Entsprechungen.
Welche Lautveränderungen ergeben sich dabei?

Italienisch	Latein	Lautveränderung
caro (Z. 1)		
noi/voi (Z. 2, 4, 5)		
estive (Z. 2)		
lingue classiche (Z. 3)		
già (Z. 3)		
povero (Z. 3)		
godo (Z. 4)		
giugno (Z. 4)		
avere (Z. 5, denke daran, dass schon im Lateinischen ein *h* am Anfang nicht gesprochen wurde!)		
tutta (Z. 7)		
prossimo (Z. 8)		

2 **a** *come stai* (Z. 2) bedeutet „wie geht's?" Erkläre das Verb.

_____

_____

b *settimana* (Z. 6) bedeutet „Woche". Erkläre, wie es zu dieser Bedeutung kommt!

_____

_____

3 **a** Finde die italienischen Entsprechungen für *sum* und *sunt*. Was fällt auf? Welche Notwendigkeit ergibt sich daraus im Italienischen?

_____

b In welchen italienischen Wörtern findet sich das lateinische *ille*? Ein kleiner Tipp: Die Wortart gibt es im Lateinischen nicht.

_____

c Manche Wörter mit lateinischem Ursprung kommen wie *ille* als andere Wortart im Italienischen vor. Finde weitere Beispiele dafür im Brief auf Seite 31.

_____

4 Übersetze den italienischen Brief von Seite 31.

SAO KO
KELLE TERRE,
PER KELLI FINI QUE KI
CONTENE TRENTA ANNI
LE POSSETTE PARTE
SANCTI BENEDICTI.

Inschrift auf der Piazza Medaglie d'oro in Capua, deren Original aus einer Urkunde vom März 960 stammt und eines der ersten Beispiele für das Italienische darstellt. Es handelt sich um eine Zeugenaussage in einem Rechtsstreit zwischen dem Benediktinerkloster Monte Cassino, das sich etwa 140 km südöstlich von Rom befindet, und einem Herrn namens Rodelgrimo d'Aquino. Letzterer hatte Anspruch auf geerbtes Land erhoben, das nach Auskunft des Abtes von Monte Cassino seit dreißig Jahren im Besitz des Klosters war. Im modernen Italienisch lautet der Text: „So che quelle terre, per quei confini che qui contengono, per trenta anni le possedette la parte di San Benedetto" – „Ich weiß, dass jene Ländereien in jenen Grenzen, die sie hier umfassen, dreißig Jahre das Kloster des Hl. Benedikt besessen hat".